# Einstern

## Mathematik für Grundschulkinder

**3**

**Themenheft 1**

Die Zahlen bis 1 000

Geometrie Teil 1 – Symmetrie

Erarbeitet von
Roland Bauer
Jutta Maurach

In Zusammenarbeit
mit der
Cornelsen Redaktion
Grundschule

D1720564

**Einstern 3**

Mathematik für Grundschulkinder
Themenheft 1

Die Zahlen bis 1 000

Geometrie Teil 1 – Symmetrie

| | |
|---|---|
| Erarbeitet von: | Roland Bauer, Jutta Maurach |
| Redaktion: | Anja Augustin, Uwe Kugenbuch, Friederike Thomas, Nadine Marx |
| Layout und technische Umsetzung: | lernsatz.de |
| Illustration: | Yo Rühmer |
| Umschlaggestaltung: | Ulrike Kuhr, Katrin Tengler |

 Pflichtseiten

 Wahlseiten

besprechen – mit einem Partner oder in der Gruppe

 Handlungshinweis

Aufgaben mit unterschiedlichen Anforderungsniveaus:

① ausrechnen, ausführen, wiedergeben

① erkennen, fortsetzen, anwenden

① Lösungswege selbst entwickeln, darstellen, begründen und übertragen

→ AH Seite … Hinweis auf die passende Seite im Arbeitsheft

→ Ü Seite … Hinweis auf die passende Seite in den Übungssternchen

 Aufgaben, die du in deinem Heft löst

**www.cornelsen.de**

1. Auflage, 1. Druck 2013

Alle Drucke dieser Auflage sind inhaltlich unverändert
und können im Unterricht nebeneinander verwendet werden.

© 2013 Cornelsen Schulverlage GmbH, Berlin

Druck: DBM Druckhaus Berlin-Mitte GmbH

ISBN 978-3-06-083927-8

 Inhalt gedruckt auf säurefreiem Papier aus nachhaltiger Forstwirtschaft.

# Inhaltsverzeichnis

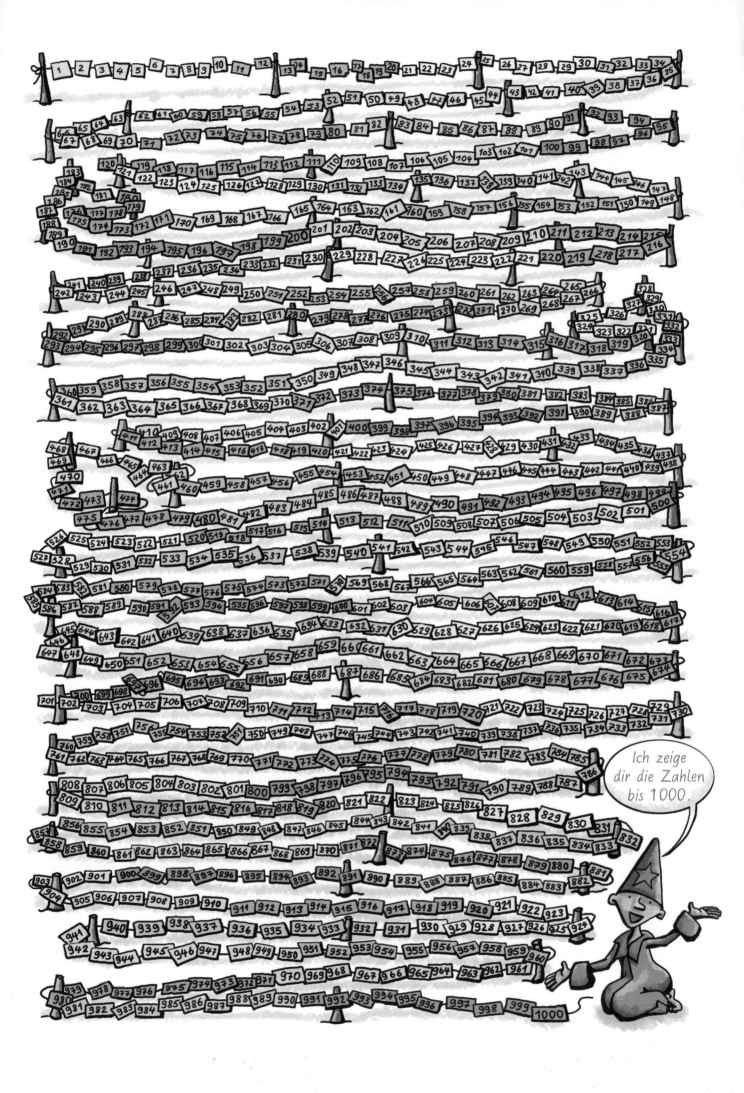

 **1** Besprich mit einem anderen Kind,
was diese Zahlen bedeuten.

 **2** Große Zahlen suchen

**a)** Suche in deiner Umgebung, in Katalogen
oder Zeitungen weitere Abbildungen mit
großen Zahlen und besprich mit einem
anderen Kind, was sie bedeuten.

**b)** Zeichne oder klebe diese Bilder in dein Heft.
Du kannst auch mit anderen Kindern
ein Plakat gestalten.

Seite 5 Aufgabe 2

b) ...

★ untersuchen und erläutern verschiedene Zahldarstellungen an Beispielen aus ihrer Umwelt
★ tauschen sich mit anderen Kindern über sachrelevante Informationen aus
★ suchen eigene Beispiele, dokumentieren und präsentieren diese

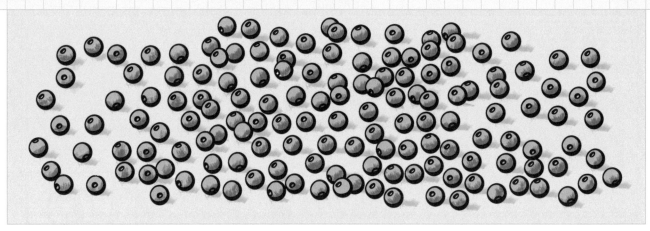

**1** Schätze, wie viele Holzperlen es sind. Zähle anschließend. Schreibe beide Ergebnisse auf.

Seite 6 Aufgabe 1

geschätzt: ...

gezählt: ...

 **2** Zum Zählen haben die Kinder die Perlen so angeordnet:

Maja:

Tim:

Lea:

**a)** Schreibe auf, wie viele Perlen die Kinder jeweils zusammengefasst haben.

**b)** Schreibe als Aufgabe auf, wie du die Anzahl der Perlen jeweils bestimmst. Vergleiche deine Lösungen mit denen anderer Kinder.

**c)** Bei welcher Anordnung konntest du die Anzahl am besten bestimmen? Besprich es mit anderen Kindern.

Seite 6 Aufgabe 2

a) Maja: ...
    :

b) Maja: ...
    :

★ erfassen größere Anzahlen durch Probieren zunehmend systematisch
★ nutzen Strukturen in Zahldarstellungen zur Anzahlerfassung im erweiterten Zahlenraum
★ beschreiben und begründen das eigene Vorgehen und vergleichen es mit dem anderer Kinder

 **1** Wie viele Sonnenblumenkerne hat die Sonnenblume?

a) Schätze und schreibe dein Ergebnis auf.
Beachte dabei Einsterns Hinweis.

b) Begründe deine Vorgehensweise
und vergleiche mit anderern Kindern.

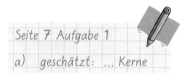

Seite 7 Aufgabe 1

a) geschätzt: ... Kerne

 **2** Wie viele Perlen passen
etwa in den Glasbehälter?

a) Schätze und schreibe
dein Ergebnis auf.

b) Begründe deine
Vorgehensweise
und vergleiche
mit anderern Kindern.

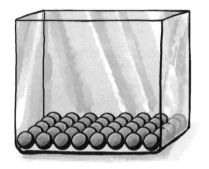

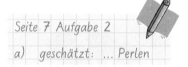

Seite 7 Aufgabe 2

a) geschätzt: ... Perlen

**3** Wie viele Steckwürfel
passen in deine Brotdose?

a) Schätze und schreibe
dein Ergebnis auf.

b) Reinige deine Brotdose und lege dann
die Bodenfläche mit Steckwürfeln aus.
Schätze nochmals und schreibe auch
dieses Ergebnis auf.

Seite 7 Aufgabe 3

a) erste Schätzung: ...

b) zweite Schätzung: ...

c) genaue Zahl: ...

c) Fülle nun die Dose ganz mit Steckwürfeln. Zähle sie dabei.

d) Solche Versuche kannst du auch mit anderen Gegenständen durchführen.

★ entwickeln Strategien beim Schätzen größerer Anzahlen
★ vergleichen mit Strategien anderer Kinder
★ übertragen ihre Erkenntnisse auf ähnliche Sachverhalte

So zählt die Gärtnerin beim Verpacken:

„1 Strauß:  1, 2, 3,
4, 5, 6,
7, 8, 9,
10 Rosen."

„1 Karton:  10, 20, 30,
40, 50, 60,
70, 80, 90,
100 Rosen."

„1 Palette:  100, 200, 300,
400, 500, 600,
700, 800, 900,
1 000 Rosen."

**1** Bestimme jeweils die Anzahl der Rosen und schreibe sie in dein Heft.

a)

b)

Seite 8 Aufgabe 1
a)   4 0 Rosen      b)   ...

c)

d)

e)

f)

★ erkennen die Zehnerbündelung als nützliche Strukturierung
von größeren Anzahlen an konkreter Alltagssituation

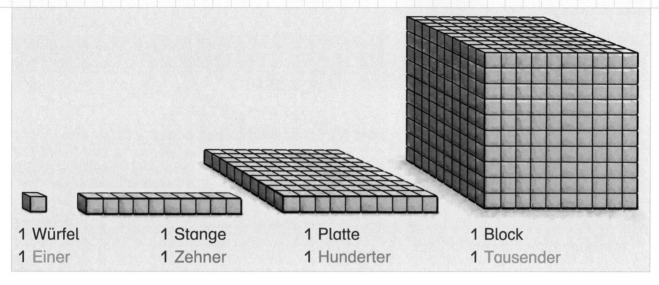

| 1 Würfel | 1 Stange | 1 Platte | 1 Block |
| 1 Einer | 1 Zehner | 1 Hunderter | 1 Tausender |

**1** Wie viele kleine Würfel hat …

a) … 1 Stange?    b) … 1 Platte?    c) … 1 Block?

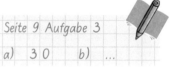
Seite 9 Aufgabe 1
a)   1 0    b) …

**2** Betrachte den Zusammenhang zwischen
Würfel, Stange, Platte und Block.
Sprich mit einem anderen Kind darüber,
was dir auffällt.

**3** Bestimme die Anzahl der kleinen Würfel.

a) 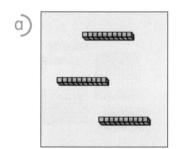    b)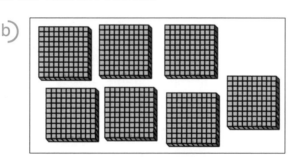

Seite 9 Aufgabe 3
a)   3 0    b) …

c) 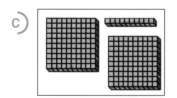    d)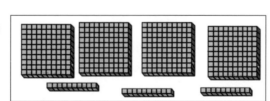

**4** Lege Zahlen mit
Platten, Stangen
oder Punktefeldern.
Dein Partner nennt
die Zahlen.
Wechselt die Rollen.

dreihundert

★ übertragen bekannte Zahldarstellungen mit strukturiertem Material auf den erweiterten Zahlenraum
★ stellen Zahlen unter Anwendung der Struktur des Zehnersystems mit Mehrsystemmaterial dar
★ betrachten, formulieren und begründen Zusammenhänge zwischen den Stufen des Zehnersystems

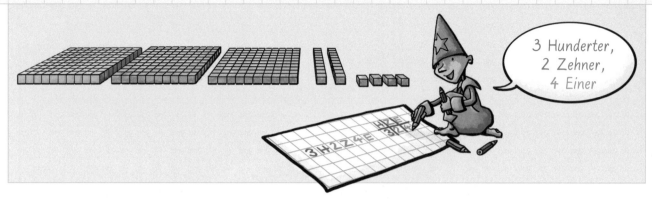

**1** Bestimme für jedes Bild die Anzahl der Hunderter, Zehner und Einer.
Schreibe in eine Stellentafel.

a)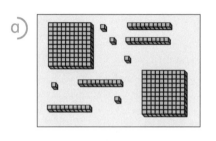

b)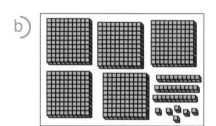

Seite 10 Aufgabe 1
a)                    H Z E
      2H 4Z 5E       2 4 5
b)  ...

c)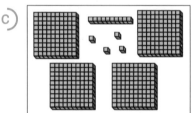

d)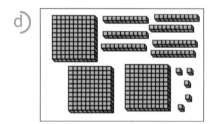

e)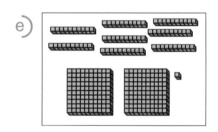

f)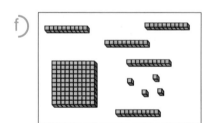

g)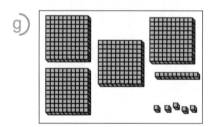

h)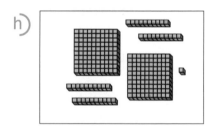

**2** Lege mit Hundertern, Zehnern und Einern eine Zahl.
Dein Partner bestimmt die Zahl und notiert sie in der Stellentafel.
Wechselt die Rollen.

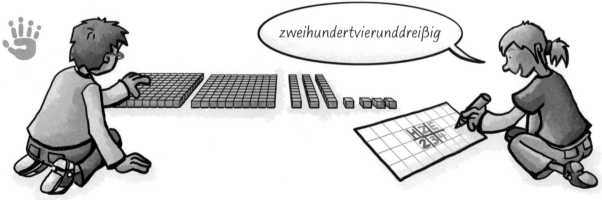

★ übertragen die Darstellung von Mehrsystemmaterial in die Stellenwertschreibweise
★ stellen Zahlen mit Mehrsystemmaterial als Aufgabenstellung in Partnerarbeit dar
★ übertragen diese in Stellentafel und Sprache

→ AH Seite 4

## Bilder und Zahlen zuordnen

**1** Bestimme für jedes Bild die Anzahl der Hunderter, Zehner und Einer.
Schreibe in eine Stellentafel und als Zahl.

a) ☐☐☐IIII..

b) ☐☐☐☐III..... ..

c) ☐IIIII I...

d) ☐☐☐☐☐II....

e) ☐☐☐I.....

f) ☐☐..

g) ☐☐☐☐IIIII

h) ☐☐☐☐☐ ☐..... ..

> Seite 11 Aufgabe 1
>
> a)  H|Z|E          b)  ...
>     3|4|2    3 4 2

**2** Suche dir mindestens vier Stellentafeln aus.
Zeichne dazu Bilder in dein Heft und schreibe die passenden Zahlen auf.

a)
| H | Z | E |
|---|---|---|
| 1 | 3 | 5 |

b)
| H | Z | E |
|---|---|---|
| 2 | 3 | 6 |

c)
| H | Z | E |
|---|---|---|
| 3 | 2 | 4 |

d)
| H | Z | E |
|---|---|---|
| 5 | 3 | 8 |

e)
| H | Z | E |
|---|---|---|
| 7 | 5 | 4 |

f)
| H | Z | E |
|---|---|---|
| 9 | 3 | 9 |

> Seite 11 Aufgabe 2
>
> a)  ☐IIII.....   1 3 5   ...

**3** Blitzgucken:

Lege verdeckt eine Zahl mit Platten, Stangen
und Würfeln oder mit Punktefeldern.
Zeige sie einem Partner.
Verdecke deine Zahl wieder.
Dein Partner nennt
die gelegte Zahl.
Wechselt die Rollen.

**4** Wie musst du die Zahl
legen, damit dein Partner
sie schnell erkennen kann?

★ erkennen in Zahlenbildern die vereinfachte Darstellung von Zahlen, die mit Mehrsystemmaterial dargestellt sind
★ übertragen diese in Stellenschreibweise und umgekehrt

11

# Zahlen zusammensetzen

**1** Schreibe zu jedem Bild die Plusaufgaben.

a) ☐☐|||||....  b) ☐☐☐||||..... .

c) ☐|||||||..  d) ☐☐☐☐|||.....

e) ☐☐☐||.  f) ☐☐☐☐☐...

g) ☐☐||||||| |  h) ☐☐☐☐☐ ☐☐.....

Seite 12 Aufgabe 1

a)   2 H   + 5 Z + 4 E

     2 0 0 + 5 0 + 4   = 2 5 4

b)   ...

**2** Bestimme die Zahlen.

a) 4H + 7Z + 3E    b) 3H + 8Z    c) 9H + 2E

   7H + 2Z + 4E       5H + 3Z       4H + 1E

   6H + 3Z + 5E       2H + 7Z       2H + 6E

Seite 12 Aufgabe 2

a)   4 H   + 7 Z + 3 E

     4 0 0 + 7 0 + 3   = 4 7 3
              ⋮

b)   ...

**3** Suche dir einen Partner.
Nenne ihm Plusaufgaben
wie in Aufgabe **2**.
Dein Partner legt
die Aufgabe und
nennt das Ergebnis.
Wechselt auch
die Rollen.

* übertragen Zahlenbilder in eine stellengerechte additive Zahlendarstellung
* übertragen additive Zerlegungen in Ziffernschreibweise
* erkennen die Stellung der Ziffern und ihres Stellenwertes im Zusammenhang mit der additiven Zerlegung

→ AH Seite 5
→ Ü Seite 1

## Zahlen in Bildern erkennen und zeichnen

**1** Schreibe auf, welche Zahlen dargestellt sind.

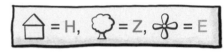

a) ☐☐☐☐☐☐☐☐☐☐◯◯◯◯◯ ◯◯

b) ☐☐☐☐☐☐☐☐ ▯▯◯◯◯◯◯

c) ☐☐☐☐☐◯◯

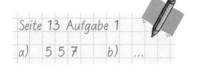

Seite 13 Aufgabe 1
a)   5 5 7    b)  ...

Ist das Geheimschrift?

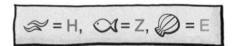

d) 🏠🏠🏠🌳🌳🌳🌳🌳✿✿✿

e) ✿✿✿✿✿🏠🏠🏠🌳🌳

f) 🌳🏠🌳✿🏠✿🏠🌳

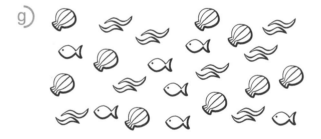

g) (Bild mit Muscheln, Fischen und Wellen)

**2** Überlege dir selbst Zeichen für Hunderter, Zehner und Einer und zeichne Zahlenbilder als Geheimschrift. Bitte ein anderes Kind, deine Zahlen zu entschlüsseln.

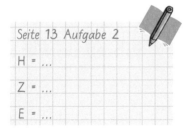

Seite 13 Aufgabe 2
H = ...
Z = ...
E = ...

Das sind tausend Punkte.

**1** Schreibe zu jedem Punktebild die passende Zahl auf.

a)

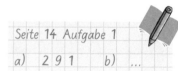

Seite 14 Aufgabe 1
a)   2 9 1     b)   ...

b)

c)

d)

e)

**2** Lege selbst Punktebilder.
Lass dir von einem anderen
Kind die passenden
Zahlen nennen.
Wechselt die Rollen.

zweihundert-neunundvierzig

★ erkennen bereits bekannte Struktur des Zehnersystems in Punktebilddarstellungen
★ nutzen Strukturen in Darstellungen zur Anzahlerfassung

→ AH Seite 6
→ Ü Seite 2

# Geldbeträge legen und bestimmen

**1** Suche dir einen Partner. Legt die Geldbeträge
mit 100-€-Scheinen, 10-€-Scheinen und 1-€-Münzen.

| 257 € | 614 € |
|---|---|
| 461 € | 634 € |
| 504 € | 450 € |

257 Euro

**2** Trage die Anzahlen der einzelnen Scheine und Münzen in eine Tabelle ein.
Schreibe den Geldbetrag dazu.

a)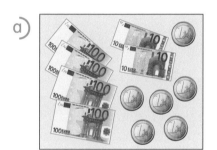

b)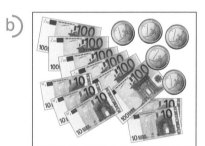

Seite 15 Aufgabe 2

| | 100 | 10 | ① | |
|---|---|---|---|---|
| a) | 4 | 2 | 6 | 4 2 6 € |
| b) | ... | | | |

c)

d)

**3** Bestimme die Geldbeträge. Schreibe die passenden Plusaufgaben auf.

a)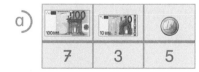

| 7 | 3 | 5 |
|---|---|---|

b)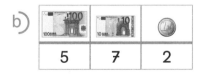

| 5 | 7 | 2 |
|---|---|---|

Seite 15 Aufgabe 3

a) 7 0 0 € + 3 0 € + 5 € = 7 3 5 €
b) ...

c)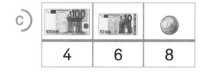

| 4 | 6 | 8 |
|---|---|---|

d)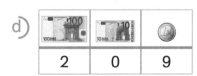

| 2 | 0 | 9 |
|---|---|---|

★ erkennen bereits bekannte Strukturen des Zehnersystems in der Darstellung von Geldbeträgen
★ übertragen Geldbeträge in Stellenschreibweise und additive Zerlegungen

15

# Zahlen in der Stellentafel darstellen

**Ich habe die Zahl 462 mit Plättchen in der Stellentafel gelegt.**

**1** Schreibe die dargestellten Zahlen in dein Heft.

a)    b)    c)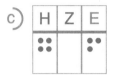

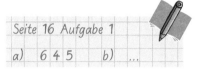

Seite 16 Aufgabe 1

a) 6 4 5   b) ...

**2** Zeichne die Zahlen in eine Stellentafel.

a) 341   b) 517   c) 402   d) 221

Seite 16 Aufgabe 2

a) H Z E   b) ...

**3** Schreibe auf, welche Zahl jeweils entsteht.

a) Nimm in der Hunderterspalte ein Plättchen weg.

Seite 16 Aufgabe 3

a) 5 5 4   b) ...

b) Lege in der Zehnerspalte zwei Plättchen dazu.

c) Verschiebe ein Plättchen aus der Einerspalte in die Hunderterspalte.

**4** Schreibe auf, welche Zahlen jeweils entstehen können.

Seite 16 Aufgabe 4

Maja: 3 6 7, ...

**Ich nehme an einer Stelle 2 Plättchen weg.**

**Ich lege 2 Plättchen dazu.**

**Ich verschiebe 1 Plättchen.**

**5** Schreibe auf, welche Zahlen du in der Stellentafel darstellen kannst. Du kannst auch zuerst mit Plättchen in eine Stellentafel legen.

a) Alle 6 Zahlen, die du mit 2 Plättchen darstellen kannst.

b) Die größte Zahl, die du mit 3 Plättchen darstellen kannst.

c) Die kleinste Zahl, die du mit 4 Plättchen darstellen kannst. In jeder Spalte muss mindestens ein Plättchen liegen.

Seite 16 Aufgabe 5

a) 2 0 0,   1 1 0, ...

b) ...

★ stellen Zahlen in der Stellentafel durch Anzahlen von Punkten dar
★ erkennen die Wirkung von Veränderungen innerhalb der Stellentafel und einzelner Stellenwerte
★ finden und begründen unterschiedliche Lösungsmöglichkeiten

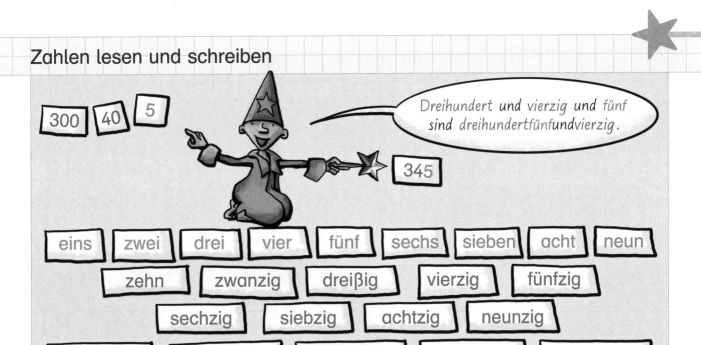

**1** Schreibe die Zahlen in dein Heft.

a) fünfhundertsechsundzwanzig

b) vierhundertzweiunddreißig

c) zweihundertvier

d) dreihunderteinundneunzig

e) siebenhundertsiebenundvierzig

f) achthundertfünfundsechzig

Seite 17 Aufgabe 1

a)  5 2 6    b)  ...

**2** Schreibe die Zahlen als Zahlwörter.

a) 234    b) 463    c) 837    d) 520

e) 601    f) 976    g) 103    h) 799

Seite 17 Aufgabe 2

a)  zweihundertvierunddreißig

b)  ...

**3** Dreistellige Zahlen zusammensetzen

a) Setze mit diesen Karten mindestens 5 dreistellige Zahlen
   zusammen. Schreibe sie als Zahl und als Zahlwort auf.

Seite 17 Aufgabe 3

a)  ...

b) Überlege, wie viele Zahlen du insgesamt bilden kannst.
   Vergleiche deine Lösungen und dein Vorgehen mit anderen Kindern.

* übertragen den Wert der einzelnen Stellen in Sprache und entsprechende Zahlwörter
* bilden selbst aus Einern, Zehnern und Hundertern unterschiedliche Zahlen
* finden verschiedene Ergebnisse und vergleichen ihre Vorgehensweise

→ Ü Seite 3

# Zahlzeichen der Steinzeitmenschen kennenlernen

Vor vielen tausend Jahren reichten den Steinzeitmenschen die Finger an beiden Händen nicht mehr aus, um z. B. eine größere Menge Schafe zu zählen. Die Forscher glauben, dass sich dann immer drei Personen zusammensetzten. Die erste streckte für jedes gezählte Schaf einen Finger aus. Die zweite tauschte zwei volle Hände der ersten Person gegen einen ausgestreckten Finger. Die erste Person hatte dann wieder alle Finger frei. Erst wenn die zweite Person auch alle Hände „voll" hatte, kam die dritte Person mit dem ersten Finger an die Reihe. Wurde eine Hand nicht benötigt, hielt man sie als geschlossene Faust.

So sahen die Zahlzeichen aus:

geschlossene Faust: ?

Anzahl der Finger (z. B. 4): Y

 **1** Wie viele Schafe haben die drei Steinzeitmenschen auf dem Bild gerade gezählt?
Besprich deine Überlegungen mit einem anderen Kind.

**2** Was würden wir heute sagen? Schreibe in dein Heft.

a) Die erste Person zählt ...

b) Die zweite Person zählt ...

c) Die dritte Person zählt ...

> Seite 18 Aufgabe 2
>
> a)  Die erste Person zählt die Einer.
>
> b)  ...

**3** Übertrage die Zahlzeichen in unsere Zahlen.

a)

| ¥ ? | Y ? | ? ? |
|---|---|---|
| Einer | Zehner | Hunderter |

> Seite 18 Aufgabe 3
>
> a)  3 7     b)  ...

b)

| Y ? ¥ ¥ | ? ? |
|---|---|
| E | Z | H |

c)

| ¥ Y | ? ? | ¥ ? |
|---|---|
| E | Z | H |

**4** Übertrage in „Höhlenschrift".

a) 366     b) 703     c) 999     d) 1000

> Seite 18 Aufgabe 4
>
> a) | ¥ ? | ... | ... |   b) ...
>     |  E  |  Z  |  H  |

★ erkennen in Zahldarstellungen aus der Steinzeit die Zusammenhänge zu unserem heutigen Zehnersystem
★ erklären Gesetzmäßigkeiten des Zehnersystems bei der Vorgehensweise der Steinzeitmenschen
★ übertragen Zahldarstellungen in unterschiedliche Symbole

## Altägyptische Zahlen lesen und schreiben

Die alten Ägypter gehörten zu den Ersten, die Zahlen und Rechnungen aufschrieben. Um 3000 vor Christus benutzten sie diese Zahlzeichen:

 Eine Einkerbung in einem Kerbholz war die Zahl 1: |

 Das Joch der Ochsengespanne wurde für die Zahl 10 genommen:

 Das Maßband der Landvermesser erhielt den Zahlenwert 100: ℃

 Die Lotusblume wurde zum Zeichen für die Zahl 1000:

**1** Schreibe die altägyptischen Zahlen mit unseren Ziffern.

a) ℃℃℃    b) ∩∩∩∩∩

c) |||||||||    d) ∩|

e) ℃∩∩∩    f) ℃℃℃℃℃∩∩|||||

g) ℃℃||    h) ℃℃℃℃℃℃℃℃∩∩∩∩∩∩∩∩∩∩||||||||||

*Seite 19 Aufgabe 1*
*a)   3 0 0      b)  ...*

**2** Überlege dir selbst Zahlen, die du mit altägyptischen Zahlzeichen in dein Heft schreiben möchtest.

*Seite 19 Aufgabe 2*
*...*

**3** Die Zahlzeichen der alten Ägypter waren vereinfachte Bilder von Dingen, die in ihrem Leben eine wichtige Rolle spielten.

a) Welche Dinge spielen in deinem täglichen Leben heute eine wichtige Rolle?

b) Wie könnten unsere Zahlzeichen heute aussehen, wenn wir wie die alten Ägypter Bilder als Zahlen benutzen würden?

c) Schreibe dein Geburtsdatum mit deinen Zahlzeichen.

*Seite 19 Aufgabe 3*
*b)   Zeichen für die      1 :  ...*
*      Zeichen für die  1 0 :  ...*
*      :*
*c)   ...*

★ erkennen in ägyptischen Zahldarstellungen die Zusammenhänge mit unserem Zehnersystem
★ übertragen Zahldarstellungen in unterschiedliche, auch selbst erfundene passende Symbole

19

**Obere Tafel**

Hunderter 1 (1–100):

| 1 | 2 | 3 | 4 | 5 | 6 | 7 | 8 | 9 | 10 |
|---|---|---|---|---|---|---|---|---|---|
| 11 | 12 | 13 | 14 | 15 | 16 | 17 | 18 | 19 | 20 |
| 21 | 22 | 23 | 24 | 25 | 26 | 27 | 28 | 29 | 30 |
| 31 | 32 | 33 | 34 | 35 | 36 | 37 | 38 | 39 | 40 |
| 41 | 42 | 43 | 44 | 45 | 46 | 47 | 48 | 49 | 50 |
| 51 | 52 | 53 | 54 | 55 | 56 | 57 | 58 | 59 | 60 |
| 61 | 62 | 63 | 64 | 65 | 66 | 67 | 68 | 69 | 70 |
| 71 | 72 | 73 | 74 | 75 | 76 | 77 | 78 | 79 | 80 |
| 81 | 82 | 83 | 84 | 85 | 86 | 87 | 88 | 89 | 90 |
| 91 | 92 | 93 | 94 | 95 | 96 | 97 | 98 | 99 | 100 |

Hunderter 2 (teilweise):

| | | | | | | | | | |
|---|---|---|---|---|---|---|---|---|---|
| 111 | 112 | 113 | 114 | 115 | 116 | 117 | 118 | 119 | 120 |
| 151 | 152 | 153 | 154 | 155 | 156 | 157 | 158 | 159 | 160 |
| 171 | 172 | 173 | 174 | 175 | 176 | 177 | 178 | 179 | 180 |

Hunderter 3 (teilweise):

| 201 | 202 | 203 | 204 | 205 | 206 | 207 | 208 | 209 | 210 |
|---|---|---|---|---|---|---|---|---|---|
| | | | 204 | | | | | 209 | |
| 211 | | | | | | | | | |
| | | 223 | | 225 | | | | | |
| | | | | | | | | 239 | |
| | | | | | | 247 | | | |
| | 252 | | | | 256 | | | | |
| 261 | | | | | | | 268 | | |
| | | | 274 | | | | | | 280 |
| | | 283 | | | | 287 | | | |
| | 292 | | | | | | 298 | | |

Hunderter 4 (Randspalte): 332, 341, 351, 362

**Untere Tafel**

Hunderter 5 (501–600):

| 501 | 502 | 503 | 504 | 505 | 506 | 507 | 508 | 509 | 510 |
|---|---|---|---|---|---|---|---|---|---|
| 511 | 512 | 513 | 514 | 515 | 516 | 517 | 518 | 519 | 520 |
| 521 | 522 | 523 | 524 | 525 | 526 | 527 | 528 | 529 | 530 |
| 531 | 532 | 533 | 534 | 535 | 536 | 537 | 538 | 539 | 540 |
| 541 | 542 | 543 | 544 | 545 | 546 | 547 | 548 | 549 | 550 |
| 551 | 552 | 553 | 554 | 555 | 556 | 557 | 558 | 559 | 560 |
| 561 | 562 | 563 | 564 | 565 | 566 | 567 | 568 | 569 | 570 |
| 571 | 572 | 573 | 574 | 575 | 576 | 577 | 578 | 579 | 580 |
| 581 | 582 | 583 | 584 | 585 | 586 | 587 | 588 | 589 | 590 |
| 591 | 592 | 593 | 594 | 595 | 596 | 597 | 598 | 599 | 600 |

Hunderter 6 (teilweise):

| | 603 | | 605 | | 607 | | |
|---|---|---|---|---|---|---|---|
| | 613 | | 615 | | 617 | | |
| | 623 | | 625 | | 627 | | |
| | 633 | | 635 | | 637 | | |
| | 643 | | 645 | | 647 | | |
| | 653 | | 655 | | 657 | | |
| | 663 | | 665 | | 667 | | |
| | 673 | | 675 | | 677 | | |
| | 683 | | 685 | | 687 | | |
| | 693 | | 695 | | 697 | | |

Hunderter 7 (teilweise):

| 701 | 702 | 703 | 704 | 705 | 706 | 707 | 708 | 709 | 710 |
|---|---|---|---|---|---|---|---|---|---|
| 701 | | | | 705 | | | | | 710 |
| | | | 714 | | | | | | |
| | | | | | | | | 729 | |
| | 732 | | | | | | | | |
| | | | | | | 747 | | | |
| 751 | | | | 755 | | | | | |
| | | | | | | | | 769 | |
| | | | | | 776 | | | | |
| | 783 | | | | | | | | |
| 791 | | | | | | | 798 | 800 | |

---

**1** Schau dir an, wie die einzelnen Zahlen in der Tausendertafel angeordnet sind.

Betrachte
- die einzelnen Zeilen,
- die einzelnen Spalten,
- die einzelnen Hundertertafeln.

Sprich mit einem anderen Kind darüber, was dir auffällt.

**2** Suche die Zahlen und schreibe sie in dein Heft.

a) alle Hunderterzahlen

b) alle Zahlen, die in der Zeile rechts neben 111 stehen

c) alle Zahlen, die in der Zeile rechts neben 211 stehen

d) alle Zahlen, die in der Zeile links neben 247 stehen

e) alle Zahlen, die in der Spalte unter 605 stehen

f) alle Zahlen, die in der Spalte unter 705 stehen

g) alle Zahlen, die in der Spalte über 798 stehen

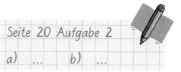

Seite 20 Aufgabe 2
a) ... b) ...

★ übertragen ihre bisherigen Kenntnisse auf den Aufbau und die Struktur der Tausendertafel
★ finden zur Darstellung der Tausendertafel (mathematisches Modell) eigene Fragestellungen und Aufgaben

Zehn Hundertertafeln sind eine Tausendertafel.

**1** Suche die Zahlen und schreibe sie in dein Heft.

a) genau unter 314

b) genau über 828

c) rechts von 466

d) links von 910

e) 4 Kästchen unter 317

f) 5 Kästchen über 488

g) 6 Kästchen rechts von 362

h) 3 Kästchen links von 1 000

i) 1 Hundertertafel rechts von 873

k) 1 Hundertertafel links von 455

*Seite 21 Aufgabe 1*
*a) 3 2 4, ...   b) ...*

**2** Stelle einem anderen Kind Fragen zur Tausendertafel. Wechselt die Rollen.

Welche Zahl ist 2 Kästchen rechts von 287?

289

→ AH Seiten 7 und 8
→ Ü Seite 4

# Knobelaufgaben und Zahlenrätsel zur Tausendertafel lösen

eine Hundertertafel –
ein Ausschnitt aus der
Tausendertafel

| 501 | 502 | 503 | 504 | 505 | 506 | 507 | 508 | 509 | 510 |
| 511 | 512 | 513 | 514 | 515 | 516 | 517 | 518 | 519 | 520 |
| 521 | 522 | 523 | 524 | 525 | 526 | 527 | 528 | 529 | 530 |
| 531 | 532 | 533 | 534 | 535 | 536 | 537 | 538 | 539 | 540 |
| 541 | 542 | 543 | 544 | 545 | 546 | 547 | 548 | 549 | 550 |
| 551 | 552 | 553 | 554 | 555 | 556 | 557 | 558 | 559 | 560 |
| 561 | 562 | 563 | 564 | 565 | 566 | 567 | 568 | 569 | 570 |
| 571 | 572 | 573 | 574 | 575 | 576 | 577 | 578 | 579 | 580 |
| 581 | 582 | 583 | 584 | 585 | 586 | 587 | 588 | 589 | 590 |
| 591 | 592 | 593 | 594 | 595 | 596 | 597 | 598 | 599 | 600 |

**1** Suche die Zahlen in der Hundertertafel und schreibe sie in dein Heft.

a) alle Zahlen, die 3 Einer haben

b) alle Zahlen, die 5 Zehner haben

c) alle Zahlen, die mindestens eine 7 haben

d) alle Zahlen, bei denen Zehner und Einer gleich sind

> Seite 22 Aufgabe 1
>
> a)  5 0 3 ,  5 1 3 ,  ...
>
> b)  ...

**2** Bestimme die Anzahlen und schreibe sie in dein Heft.

a) Bestimme, wie viele Zahlen mit 6 Einern
in der Hundertertafel vorkommen.

> Seite 22 Aufgabe 2
>
> a)  1 0 Zahlen      b)  ...

b) Bestimme, wie viele Zahlen mit 6 Einern in der
Tausendertafel vorkommen. Du kannst auch auf die Seiten 20 und 21 schauen.

c) Bestimme, wie viele Zahlen mit 8 Zehnern in der Hundertertafel vorkommen.

d) Bestimme, wie viele Zahlen mit 8 Zehnern in der Tausendertafel vorkommen.
Du kannst auch auf die Seiten 20 und 21 schauen.

**3** Löse die Zahlenrätsel.

> Seite 22 Aufgabe 3
>
> Patrick: ...

Patrick: Meine Zahl hat 9 Hunderter, 8 Zehner und 3 Einer.

Lena: Bei meinen Zahlen sind Hunderter, Zehner und Einer jeweils gleich.

Max: Ich starte bei 156. Meine Zahl liegt 5 Hundertertafeln weiter an der gleichen Stelle.

**4** Schreibe selbst Zahlenrätsel.
Stelle deine Rätsel einem anderen Kind
oder in der Klasse vor. Vergleicht eure Rätsel.

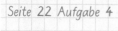

> Seite 22 Aufgabe 4
>
> ...

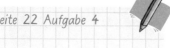

★ entdecken in der Tausendertafel auf ein oder mehrere Merkmale bezogene Zahlen

★ lösen Zahlenrätsel

★ erfinden Aufgaben und Fragestellungen durch Variieren vorgegebener Beispiele

## Zahlen am Zahlenstrahl ablesen

**1** Schreibe auf, auf welche Zahlen die Pfeile zeigen.

a)
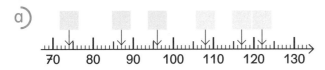

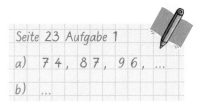
Seite 23 Aufgabe 1
a) 74, 87, 96, ...
b) ...

b)
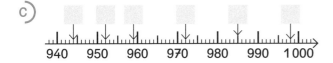

c)

940   950   960   970   980   990   1 000

d)

150                    200                         250

e)
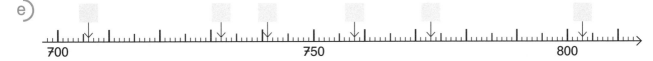

700                    750                         800

**2** Schreibe auf, welche Zahl dargestellt sein könnte.

a)
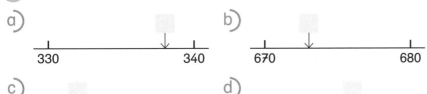

330                340

b)

670                680

Seite 23 Aufgabe 2
a) ...

c)

550                560

d)

790                800

e)
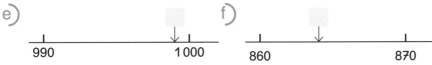

990            1 000

f)

860                870

**3** Bestimme die Zahl, die genau in der Mitte zwischen den beiden Zahlen liegt.

a)
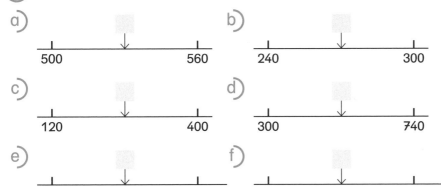

500                560

b)

240                300

Seite 23 Aufgabe 3
a) ...

c)

120                400

d)

300                740

e)

410                500

f)

650                720

→ AH Seite 9
→ Ü Seite 5

★ übertragen bekannte Strukturen und Anordnungen des Zahlenstrahls auf den Zahlenraum bis 1 000
★ finden sich in Ausschnitten des Zahlenstrahls zurecht und ordnen entsprechend Zahlen zu

23

**1** Bestimme die Nachbarzehner und schreibe sie auf.

a) 345

b) 767

c) 252

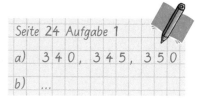

Seite 24 Aufgabe 1
a) 3 4 0, 3 4 5, 3 5 0
b) ...

d) 348

e) 401

f) 996

g) 497

h) 817

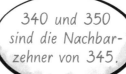

340 und 350 sind die Nachbar-zehner von 345.

i) 724

k) 86

l) 345

m) 639

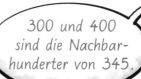

300 und 400 sind die Nachbar-hunderter von 345.

**2** Bestimme die Nachbarhunderter und schreibe sie auf.

a) 345

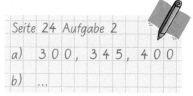

Seite 24 Aufgabe 2
a) 3 0 0, 3 4 5, 4 0 0
b) ...

b) 667

c) 832

d) 587

e) 754

f) 479

★ orientieren sich an Ausschnitten aus dem Zahlenstrahl
★ erkennen den Zusammenhang mit Stellenwerten und beschreiben
   unter Verwendung der Fachbegriffe Nachbarzehner und Nachbarhunderter

**1** Suche dir ein anderes Kind. Schreibe ihm Zahlen zwischen 100 und 1000 auf. Dein Partner nennt dir zu jeder Zahl den Vorgänger und den Nachfolger und schreibt beide auf.

**2** Bestimme Vorgänger und Nachfolger.

a) ▦ 157 ▦   b) ▦ 321 ▦   c) ▦ 790 ▦

d) ▦ 183 ▦   e) ▦ 500 ▦   f) ▦ 419 ▦

Seite 25 Aufgabe 2
a) 1 5 6, 1 5 7, 1 5 8   b) ...

**3** Bestimme die Zahl, die zwischen den beiden vorgegebenen Zahlen liegt.

a) 389 ▦ 391   b) 401 ▦ 403   c) 899 ▦ 901

d) 169 ▦ 171   e) 698 ▦ 700   f) 998 ▦ 1000

Seite 25 Aufgabe 3
a) 3 8 9, 3 9 0, 3 9 1   b) ...

**4** Bestimme zu jeder Zahl die Nachbarzehner.

a) 416   b) 607   c) 794

d) 500   e) 994   f) 350

Seite 25 Aufgabe 4
a) 4 1 0, 4 1 6, 4 2 0   b) ...

**5** Bestimme zu jeder Zahl die Nachbarhunderter.

a) 328   b) 640   c) 459

d) 873   e) 532   f) 965

Seite 25 Aufgabe 5
a) 3 0 0, 3 2 8, 4 0 0   b) ...

**6** Finde mindestens 6 Zahlen, bei denen ein Nachbarzehner und ein Nachbarhunderter gleich sind. Vergleiche deine Ergebnisse mit denen anderer Kinder und erkläre, wie du vorgegangen bist.

Seite 25 Aufgabe 6
...

→ AH Seite 10
→ Ü Seite 6

★ orientieren sich im neuen Zahlenraum unter Verwendung der Fachbegriffe Vorgänger, Nachfolger, Nachbarzehner und Nachbarhunderter
★ finden mehrere Lösungen und vergleichen sie mit denen anderer Kinder

# Ungefähre Zahlangaben machen – Zahlen runden

Beim Schätzen, Überprüfen von Ergebnissen und beim Überschlagsrechnen (ein Ergebnis ungefähr bestimmen) verwendet man oft gerundete Zahlen:

z.B. die nächstgelegene Zehnerzahl   184 ⟶ 180
oder die nächstgelegene Hunderterzahl  184 ⟶ 200

Mit gerundeten Zahlen kann ich schneller rechnen.

**1** Schreibe die Zahlen mit ihren beiden Nachbarzehnern in dein Heft.
Umkreise den Nachbarzehner, der näher bei der Zahl liegt.

a) 284   b) 388   c) 599   d) 739
e) 856   f) 233   g) 477   h) 654

Seite 26 Aufgabe 1

a) (2 8 0), 2 8 4, 2 9 0   b) ...

**2** Schreibe die Zahlen mit ihren beiden Nachbarhundertern in dein Heft.
Umkreise den Nachbarhunderter, der näher bei der Zahl liegt.

a) 140   b) 670   c) 780   d) 360
e) 637   f) 758   g) 849   h) 361

Seite 26 Aufgabe 2

a) (1 0 0), 1 4 0, 2 0 0   b) ...

**3**
Bei  5 wird zur nächsthöheren Zehnerzahl gerundet.
Bei 50 wird zur nächsthöheren Hunderterzahl gerundet.

Hinten 5 oder 50, was nun?

a) Runde zum nächsten Zehner.

365 → ▓   495 → ▓   205 → ▓

Seite 26 Aufgabe 3

a) 3 6 5 ⟶ 3 7 0
⋮

b) Runde zum nächsten Hunderter.

250 → ▓   750 → ▓   449 → ▓

b) 2 5 0 ⟶ 3 0 0
⋮

**4**

Die Ausstellung war mit rund 450 Besuchern ein voller Erfolg.

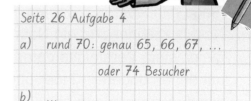

Wie viele Besucher waren es wohl genau? 445 oder 446? Oder sogar 454?

Wie viele Besucher könnten es genau gewesen sein?

a) rund  70     b) rund 340
c) rund 1000   d) rund 700

Seite 26 Aufgabe 4

a)  rund 70: genau 65, 66, 67, ...

oder 74 Besucher

b) ...

★ nutzen ihre Orientierung im Zahlenraum beim Runden von Zahlen
★ erkennen und wählen beim Runden geeignete Regeln
★ nutzen die Bedeutung von Nachbarzehner und Nachbarhunderter

# Rätsel und Knobelaufgaben lösen

**Lisa:** Meine Zahl liegt zwischen 580 und 590 und hat als Einerziffer eine 5.

**Paul:** Meine Zahl liegt zwischen 300 und 400 und hat drei gleiche Ziffern.

**Maja:** Meine Zahl liegt genau zwischen 600 und 800.

**1** Löse die Zahlenrätsel.

Seite 27 Aufgabe 1
...

**2** Schreibe selbst Zahlenrätsel. Stelle deine Rätsel einem anderen Kind oder in der Klasse vor. Vergleicht eure Rätsel.

Seite 27 Aufgabe 2
...

**3** Schreibe alle Zahlen auf, die du mit diesen Ziffernkärtchen legen kannst.

3 5 7

a) Alle Zahlen zwischen 1 und 10.

b) Alle Zahlen zwischen 10 und 100.

c) Alle Zahlen zwischen 100 und 1 000.

Seite 27 Aufgabe 3
a)  3,  5,  ...
b)  3 5,  ...

**4** Du hast folgende Ziffernkärtchen: Bilde daraus die gesuchten Zahlen und schreibe sie in dein Heft.

1 2 3 5 8

a) Die kleinste dreistellige Zahl.

b) Die größte dreistellige Zahl.

c) Die Zahl, die am nächsten bei 500 liegt.

d) Die beiden zweistelligen Zahlen, die auf dem Zahlenstrahl am weitesten voneinander entfernt liegen.

e) Die beiden zweistelligen Zahlen, die auf dem Zahlenstrahl am nächsten beieinanderliegen.

Seite 27 Aufgabe 4
a)  ...    b)  ...

213 ist eine dreistellige Zahl. Sie hat Hunderter, Zehner und Einer.

58 ist eine zweistellige Zahl. Sie hat nur Zehner und Einer.

**5** Schreibe zwei Zahlen auf, die auf dem Zahlenstrahl gleich weit von 430 entfernt sind. Finde 10 solcher Paare.

Seite 27 Aufgabe 5
4 2 0,  4 4 0
...

★ verknüpfen beim Lösen der Zahlenrätsel zwei Informationen
★ finden zu gegebenem Modell eigene Zahlenrätsel und präsentieren diese unter Verwendung geeigneter Fachsprache
★ probieren und finden systematisch und zielorientiert verschiedene Lösungen und überprüfen sie auf Plausibilität

**1** Wähle mit einem Partner eine Zahl zwischen 100 und 1 000 aus. Zählt abwechselnd vorwärts und rückwärts in Schritten. Wählt dann eine neue Startzahl.

**2** Setze die Zahlreihen fort.

a) 294 295 296 ▢ ▢ ▢ ▢ ▢ ▢ 303

b) 983 982 981 ▢ ▢ ▢ ▢ ▢ ▢ 974

c) 778 788 798 ▢ ▢ ▢ ▢ ▢ ▢ 868

d) 837 827 817 ▢ ▢ ▢ ▢ ▢ ▢ 747

e) 150 250 350 ▢ ▢ ▢ ▢ ▢ ▢ 1 050

f) 967 867 767 ▢ ▢ ▢ ▢ ▢ ▢ 67

g) 461 462 464 467 ▢ ▢ ▢ ▢ ▢ 506

h) 200 202 206 212 ▢ ▢ ▢ ▢ ▢ 290

Seite 28 Aufgabe 2
a)  2 9 4 , 2 9 5 , 2 9 6 , 2 9 7 , ...
b)  ...

**3** Eigene Zahlreihen aufschreiben

a) Finde selbst andere Zahlreihen. Schreibe sie in dein Heft.

Seite 28 Aufgabe 3
a)  ...

b) Schreibe den Anfang einer Zahlenfolge auf. Bitte ein anderes Kind, deine Zahlenfolge fortzusetzen.

c) Überlege und besprich mit einem anderen Kind, wie viele Zahlen du kennen musst, damit du eine Zahlreihe fortsetzen kannst.

★ erkennen Strukturen von Reihen und setzen sie fort
★ legen Strukturen für eigene Zahlreihen fest und bilden diese
★ bearbeiten komplexe Aufgabenstellungen gemeinsam, treffen Vermutungen und überprüfen sie

→ AH Seiten 11 und 12
→ Ü Seite 7

# Die Zeichen < und > verwenden

**1** Suche dir einen Partner. Jeder schreibt eine dreistellige Zahl auf einen Zettel. Vergleicht die Zahlen. Verwendet die Zeichen < und >.

**2** Setze die Zeichen < und > passend ein.

a) 312 ● 303    b) 483 ● 486    c) 321 ● 312

d) 937 ● 973    e) 434 ● 443    f) 268 ● 553

Seite 29 Aufgabe 2

a)  3 1 2 > 3 0 3    b)  ...

**3** Setze die passenden Zahlen ein und schreibe auf.

a) 512 < ▨    b) 148 > ▨    c) 452 > ▨

d) ▨ > ▨    e) ▨ < ▨    f) ▨ > ▨

Seite 29 Aufgabe 3

a)  5 1 2 < ...    b)  ...

**4** Setze passende Zahlen ein. Schreibe mindestens drei unterschiedliche Lösungen auf. Bestimme dann die Anzahl aller Zahlen, die du einsetzen kannst.

a) 782 < ▨ < 791

b) 342 > ▨ > 324

Seite 29 Aufgabe 4

a)  7 8 2 < ... < 7 9 1    b)  ...

**5** Ordne die Zahlen der Größe nach. Beginne mit der kleinsten Zahl.

a)
| 302 | 312 | 418 |
| 481 | | 381 |
| 321 | | |

b)
| 623 | 632 | 326 |
| 263 | 236 | 362 |

Seite 29 Aufgabe 5

a)  3 0 2 < 3 1 2 < ...

b)  ...

c)  4 9 0 > 4 8 7 > ...

d)  ...

Beginne mit der größten Zahl.

c)
| 443 | 434 | 478 |
| 487 | 490 | 409 |

d)
| 573 | | 735 |
| 375 | 537 | |
| 753 | 357 | |

→ AH Seite 13
→ Ü Seite 8

★ verwenden bereits bekannte Zeichen zum Ordnen und Vergleichen im erweiterten Zahlenraum

## Zahlvergleiche mit Pfeilbildern darstellen

**1** Zeichne die Bilder in dein Heft und zeichne die Pfeile passend ein.

a)
ist mehr als →

☐☐☐||||....      ☐☐☐☐|.

☐☐☐||....      ☐☐☐|||||| |||...

b)
ist weniger als →

☐|||||| ||..      ☐☐||..

☐☐☐|||||...      ☐☐☐||||||..

c)
ist mehr als →

☐☐☐||...      ☐☐|||...

☐☐|||....      ☐☐☐||..

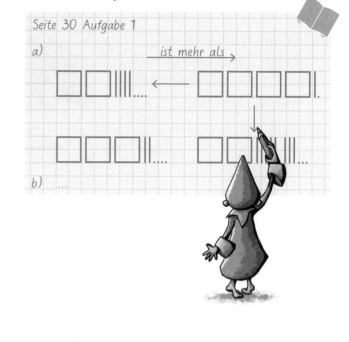

**2** Schreibe die Zahlen in dein Heft und zeichne die Pfeile ein.

a) ist größer als →
425    537

624    716

b) ist größer als →
447    762

512    313

c) ist kleiner als →
499    659

963    748

d) ist kleiner als →
799    998

1 000    899

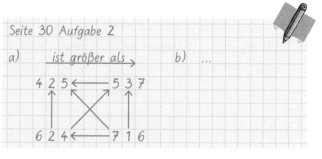

**3** Schreibe auf, was die Pfeile bedeuten.

a) 469 ⟶ 399      b) 754 ⟶ 813

c) 699 ⟵ 758      d) 734 ⟵ 497

834          812 ⟵ 389

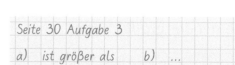

* übertragen bereits bekannte Darstellungsformen und Ordnungsrelationen in den erweiterten Zahlenraum
* finden die Bedeutungen dargestellter Ordnungsrelationen an komplexen Darstellungen

**1**

Beim Spielefest haben die Kinder folgende Punkte erreicht:

| Name | Tim | Patrick | Lea | Sofie | Lena | Paul | Ole | Maja |
|------|-----|---------|-----|-------|------|------|-----|------|
| Punkte | 774 | 922 | 907 | 944 | 809 | 876 | 731 | 805 |

Finde drei Fragen zur Tabelle.
Schreibe sie in dein Heft, rechne und beantworte sie.

Seite 31 Aufgabe 1

...

  **2**

a) Ordne die Fahrräder nach dem Preis.

b) Schreibe auf, welche Fahrräder gekauft werden:

- Herr Schmitt kauft ein Fahrrad für weniger als 400 € und mehr als 300 €.
- Frau Göbel muss zwischen 200 € und 300 € bezahlen.
- Frau Weiß bezahlt weniger als 600 € und mehr als 400 €.
- Das Fahrrad, das Lea und ihr Vater kaufen, kostet fast 200 €.

c) Finde selbst Aussagen. Stelle sie einem anderen Kind.
Bitte es, sie zu beantworten.

Seite 31 Aufgabe 2

a) ...

b) Herr Schmitt kauft das
rote Fahrrad für 3 1 8 €.

★ entnehmen Sachsituationen und Tabellen sachrelevante Informationen
★ verknüpfen die relevanten Informationen mit entsprechenden Fragestellungen

31

# Einem Säulendiagramm Informationen entnehmen

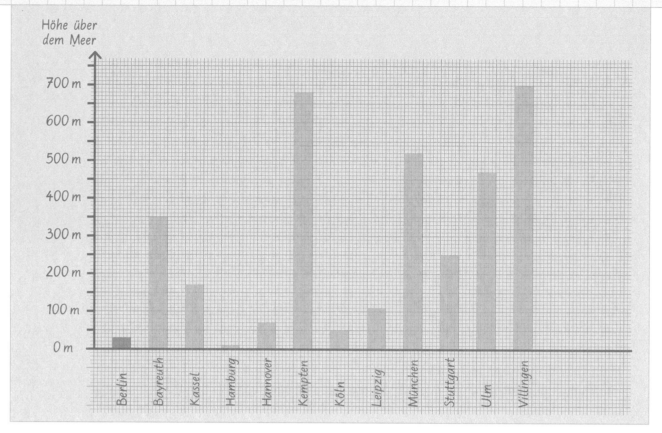

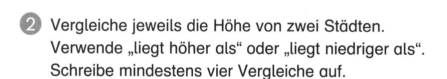

1 Lies aus dem Säulendiagramm ab, wie hoch die Städte etwa über dem Meer liegen. Schreibe die Ergebnisse in dein Heft.

Seite 32 Aufgabe 1
Berlin: etwa 30 m
:

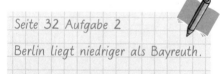

2 Vergleiche jeweils die Höhe von zwei Städten. Verwende „liegt höher als" oder „liegt niedriger als". Schreibe mindestens vier Vergleiche auf.

Seite 32 Aufgabe 2
Berlin liegt niedriger als Bayreuth.
...

3 Ordne die Städte nach ihrer Höhe.

Seite 32 Aufgabe 3
...

4 Überlege dir, welche Informationen über die Städte du aus dem Säulendiagramm nicht entnehmen kannst.

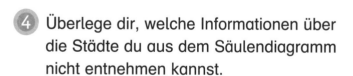

Ich sehe nicht, wie oft dort die Sonne scheint.

5 Besorge dir Landkarten von deiner Umgebung oder deinem Urlaubsgebiet und erstelle selbst ein Säulendiagramm.

32

★ entnehmen einem Säulendiagramm Daten und ziehen sie zur Beantwortung von Fragen heran
★ übertragen selbst gesammelte und vorgegebene Daten in ein Diagramm

→ Ü Seite 9

# Informationen entnehmen und darstellen

Für die Schillerschule wurden
die Ergebnisse der Bundes-
jugendspiele der letzten
Jahre zusammengestellt:

|  | 2007 | 2008 | 2009 | 2010 | 2011 | 2012 |
|---|---|---|---|---|---|---|
| Siegerurkunde | 120 | 95 | 127 | 133 | 108 | 114 |
| Ehrenurkunde | 75 | 65 | 62 | 71 | 83 | 79 |
| keine Urkunde | 35 | 50 | 41 | 26 | 39 | 37 |

Ein Diagramm lässt die Veränderungen von Jahr zu Jahr leicht erkennen.

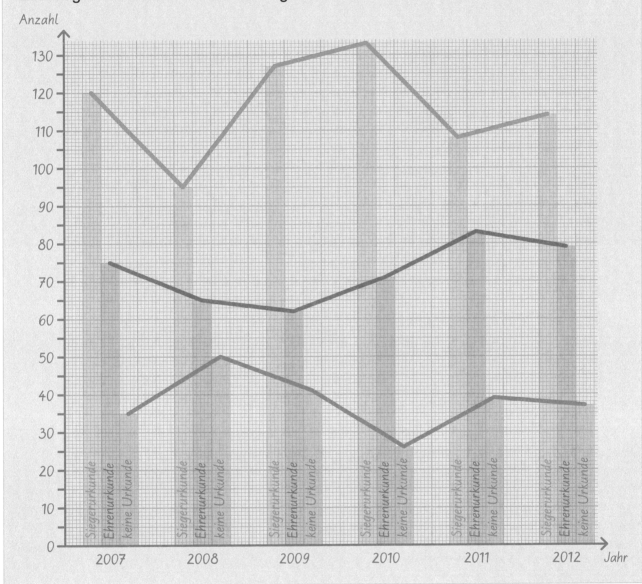

 **1** Schreibe möglichst viele Informationen auf,
die du dem Diagramm entnehmen kannst.
Besprich es mit anderen Kindern.

Seite 33 Aufgabe 1

**2** Du kannst dir Daten von deiner Schule besorgen
und versuchen, ein solches Diagramm zu erstellen.

Seite 33 Aufgabe 2

★ erkennen Möglichkeiten der Darstellung von Entwicklungsprozessen durch Diagramme im zeitlichen Zusammenhang
★ entnehmen einer grafischen Darstellung dieser Prozesse erweiterte Informationen und vergleichen diese
★ übertragen das Vorgehen auf ähnliche Sachverhalte der eigenen Schule

**1** Stelle fest, welche Figuren symmetrisch sind und welche nicht.
Nutze dafür einen Spiegel. Fertige eine Tabelle an.

Seite 34 Aufgabe 1
...

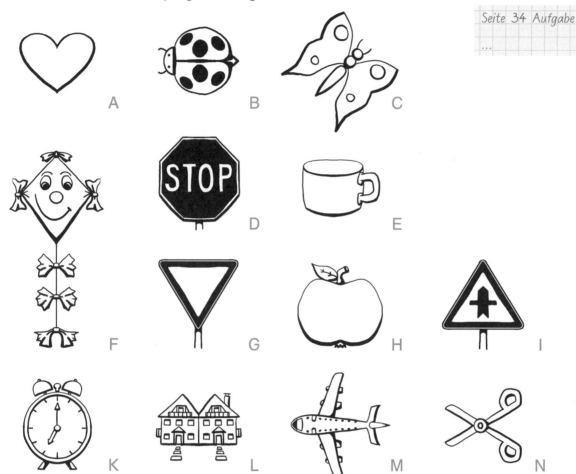

**2** Hier wurden beim Zeichnen der Spiegelfiguren Fehler gemacht.
Schreibe bei jeder Figur auf, was falsch ist.

Seite 34 Aufgabe 2
a) ... b) ...

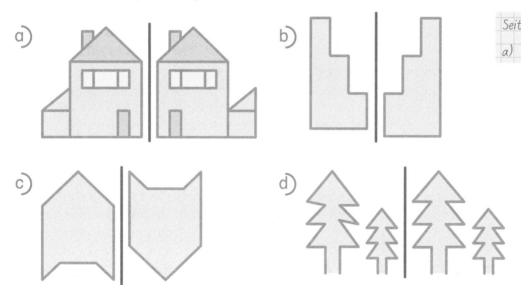

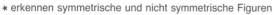

★ erkennen symmetrische und nicht symmetrische Figuren
★ begründen Entscheidungen
★ finden und benennen Fehler hinsichtlich der Eigenschaft Symmetrie

→ AH Seite 14

**1** Stelle fest, welche Figuren symmetrisch sind.
Begründe deine Aussage.

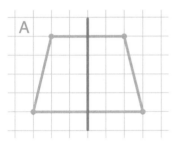

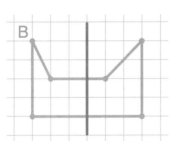

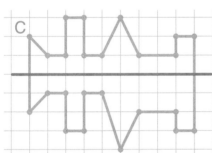

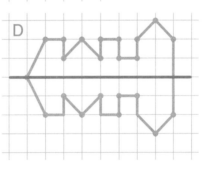

Seite 35 Aufgabe 1

Die Figuren ... sind symmetrisch.

Die gegenüberliegenden Punkte

haben ...

**2** Entscheide, welche Figuren symmetrisch sind.
Übertrage diese in dein Heft und zeichne die Spiegelachsen ein.

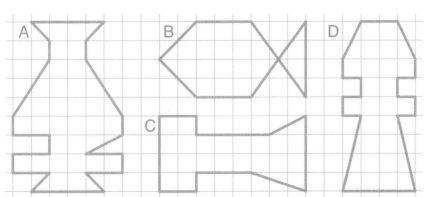

Seite 35 Aufgabe 2

...

★ überprüfen komplexere Figuren auf Achsensymmetrie
★ begründen Symmetrieeigenschaften über Abstands- und Längentreue

# Symmetrieachsen einzeichnen und Spiegelbilder zeichnen

**1** Wähle zwei Figuren aus, die du in dein Heft zeichnest.
Zeichne dann mit Rot alle Spiegelachsen ein, die du findest.
Benutze dein Lineal.

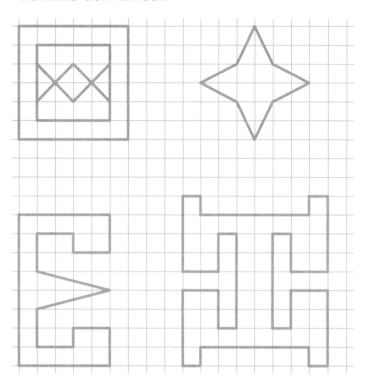

**2** Wähle zwei Figuren aus, die du in dein Heft zeichnest.
Zeichne das Spiegelbild dazu. Benutze dein Lineal.

Spiegelachsen heißen auch Symmetrieachsen.

★ übertragen komplexere symmetrische Figuren
★ finden alle möglichen Symmetrieachsen und zeichnen sie ein
★ zeichnen auf Gitterpapier Spiegelbilder

→ AH Seite 15
→ Ü Seite 10

**1** Wähle eine der Figuren aus. Übertrage sie in dein Heft. Zeichne das Spiegelbild dazu.

Seite 37 Aufgabe 1

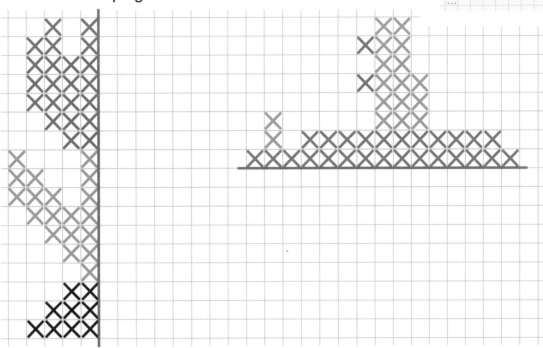

**2** Spiegelbilder zeichnen

a) Wähle mindestens eine Figur aus und zeichne sie in dein Heft. Zeichne das Spiegelbild dazu.

Seite 37 Aufgabe 2

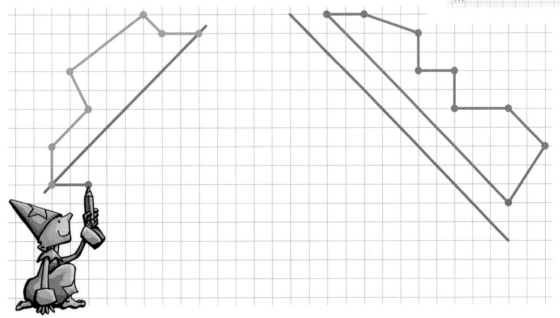

b) Erkläre einem anderen Kind, wie du vorgegangen bist.

**3** Zeichne selbst weitere Figuren und eine Symmetrieachse in dein Heft. Zeichne dann jeweils das Spiegelbild dazu.

Seite 37 Aufgabe 3

★ übertragen auf Gitternetz dargestellte Figuren ins Heft und ergänzen Spiegelbilder
★ übertragen die Erkenntnisse zu Symmetrieeigenschaften auf Figuren im Gitternetz mit diagonal angeordneter Symmetrieachse
★ nutzen das Gitternetz beim Zeichnen von eigenen Figuren und deren Spiegelbildern

**1** Gestalte diese Figuren nacheinander mit einem Gummi auf dem Geobrett.
Spanne jeweils mit roten Gummis alle Symmetrieachsen.

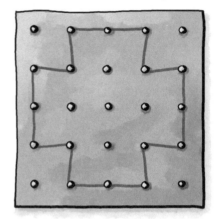 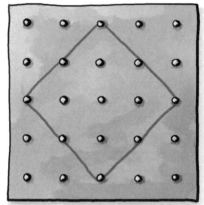 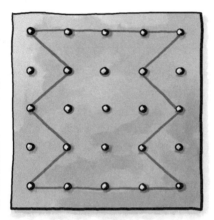

**2** Gestalte die Figuren nacheinander mit einem Gummi auf dem Geobrett.
Ergänze sie jeweils mit einem zweiten Gummi zu einer neuen, symmetrischen Figur.

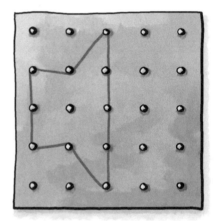 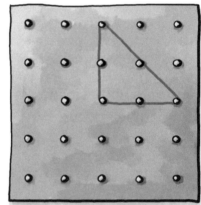 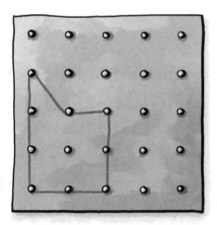

**3** Erfinde selbst symmetrische Figuren,
die du auf dem Geobrett gestaltest.
Bitte ein anderes Kind, mit einem Gummi
die Symmetrieachse(n) zu spannen.
Tauscht auch die Rollen.

★ übertragen vorgegebene Figuren auf das Geobrett (Punkteraster) und ergänzen alle Symmetrieachsen
★ ergänzen vorgegebene Figuren zu einer symmetrischen Figur
★ gestalten auf dem Geobrett in Partnerarbeit selbst symmetrische Figuren und ergänzen die Symmetrieachsen

## Symmetrie bei Bauwerken erkennen und nutzen

**1** Brücken sind meist symmetrisch. Zeichne mindestens
eine der Teilbrücken in dein Heft. Vervollständige sie,
indem du das Spiegelbild zeichnest.

Seite 39 Aufgabe 1
...

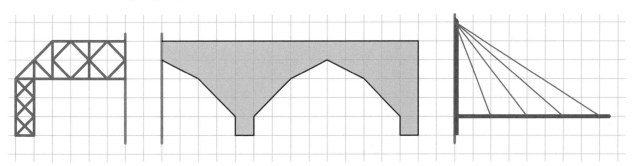

**2** Architekten planen Doppelhäuser oft symmetrisch.
Übertrage den Grundriss in dein Heft und ergänze
die zweite Doppelhaushälfte.

Seite 39 Aufgabe 2
...

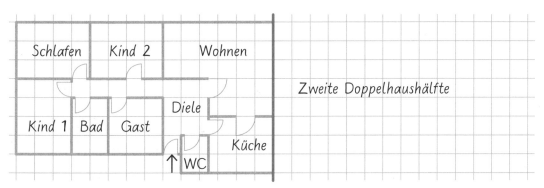

**3** Übertrage die Teile der Fachwerkhäuser in dein Heft.
Zeichne jeweils die Symmetrieachse ein.

a) 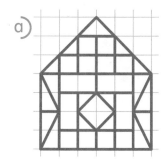   b)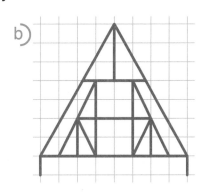

Seite 39 Aufgabe 3
a) ...    b) ...

**4** Du kannst auch Fachwerkhäuser in deiner Umgebung suchen
und symmetrische Teile oder das ganze Haus skizzieren.

★ erkennen Symmetrie als Eigenschaft von Bauwerken und Bauplänen
★ wenden die Eigenschaften der Symmetrie beim Ergänzen von Bauwerksdarstellungen an
★ finden in ihrer Umwelt symmetrische Fachwerkhäuser oder Ausschnitte davon und skizzieren diese

**1** Ein Muster abzeichnen

a) Wähle eines der Muster aus und übertrage es in dein Heft.

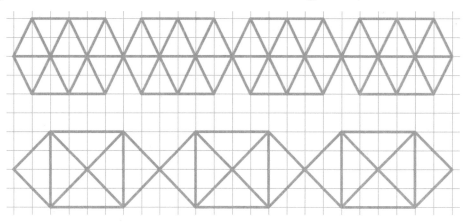

b) Male das Muster so an, dass jeweils zwei nebeneinander-
liegende Teile symmetrisch zueinander sind.

**2** Ein Muster abzeichnen

a) Zeichne zunächst solche Quadrate in dein Heft.

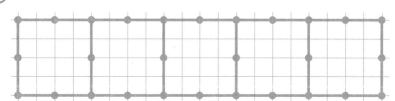

b) Zeichne im ersten Quadrat diese Verbindungslinien ein.

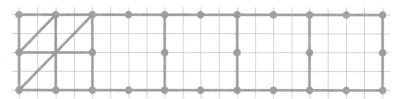

c) Setze das Muster fort:
Zeichne jeweils im nächsten Quadrat das Spiegelbild.

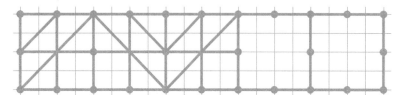

d) Male das Muster so aus, dass zwei nebeneinander-
liegende Teile symmetrisch zueinander sind.

e) Wiederhole die Aufgabe mit einem selbst erfundenen Muster.

★ zeichnen vorgegebene symmetrische Muster (Bandornamente) ab und setzen sie fort
★ gestalten symmetrische Bandornamente farblich so, dass die Eigenschaft Symmetrie erhalten bleibt
★ wenden die Kenntnisse über die Struktur eines Musters bei der Gestaltung eines selbst erfundenen Musters an